ALLOCUTION DE MARIAGE

8 Août 1888.

ALLOCUTION

PRONONCÉE AU MARIAGE

DE

Mademoiselle De BÉLIZAL

AVEC

Monsieur De COURSON

ALLOCUTION

PRONONCÉE LE 8 AOÛT 1888, DANS LA CHAPELLE
DU CHÂTEAU DES GRANGES

À Moncontour-de-Bretagne

AU MARIAGE

DE

MADEMOISELLE DE BÉLIZAL

AVEC

MONSIEUR DE COURSON

PAR L'ABBÉ RICHOUD

Ancien Vicaire général des Cardinaux de Bonald et Caverot,
Archiprêtre de Saint-Pothin

LYON

IMPRIMERIE MOUGIN-RUSAND

3, Rue Stella, 3

1888

Époux Chrétiens,

L'amour qui vous unit va recevoir de Dieu la consécration sacramentelle et l'indissolubilité.

Profondément pénétrés des divins enseignements de la foi catholique, vous avez préparé vos âmes, comme il convient à de vrais disciples de Jésus-Christ, et en retour, au moment où vous vous donnerez l'un à l'autre, où vous vous jurerez une fidélité mutuelle et inviolable, Notre-Seigneur, vous conférant la grâce du Sacrement et agissant en vous, sera lui-même le nœud et le sceau de votre union.

Dieu, qui est intervenu pour instituer le mariage, au moment de la Création du premier homme et de la première femme et pour le réformer au temps de la Rédemption en lui rendant sa gran-

deur originelle, accrue de la grâce du Sacrement, Dieu veut que le lien en soit formé et fixé
par le concours de deux puissances, la volonté
humaine dans la plénitude de son choix et de sa
liberté, et la volonté divine qui reçoit et ratifie le
double engagement. D'après le concile de Trente,
la grâce du Sacrement perfectionne l'amour natu-
rel, affermit l'union jusqu'à l'indissolubilité absolue
et sanctifie les époux.

Ce que doivent être l'un pour l'autre l'homme et
la femme, il n'y a qu'un langage qui nous le dise
avec autant de clarté que de délicatesse, c'est le
langage divin. Je ne connais rien de plus grand et
de plus beau sur le mariage que cette vieille
parole biblique : *Ils seront deux en une seule chair*,
en un seul cœur, en une seule âme. C'est bien là
l'idéal révélé par Dieu lui-même. Puissiez-vous le
réaliser pour votre bonheur !

Ils seront deux en une seule chair : cet oracle divin
ne s'accomplissait qu'imparfaitement avant la venue
du Rédempteur. Notre-Seigneur, en imprimant à la
société conjugale le double caractère de l'unité et de
l'indissolubilité, donna au monde chrétien sur le

monde ancien une immense supériorité. Seule l'Église catholique, qui continue depuis dix-huit siècles la mission du Fils de Dieu fait homme, n'a jamais fléchi, n'a jamais cédé sur ce point, l'indissolubilité du mariage. Pour la défendre et la sauvegarder elle s'est résignée le long des siècles aux plus affligeants et aux plus douloureux sacrifices. N'est-elle pas elle-même l'Épouse du Christ? Comme elle conserve intacte la robe sans couture de l'unité dans la morale et dans la foi, elle conserve aussi la sainteté et l'indissolubilité du Sacrement, qui est au témoignagne de l'Apôtre la figure et l'extension des noces mystiques du Christ et de l'Église; car c'est par le mariage chrétien, par les familles chrétiennes, que sans s'épuiser jamais, toujours jeune et toujours féconde, elle engendre sur les fonts du baptême de nouveaux enfants à son Divin Époux.

A ce prix, l'Église a conservé l'honneur et la dignité du mariage et de la famille. Elle a conservé à la femme, épouse et mère, sa pure et radieuse auréole non pas seulement au sortir de ses abaissements dans l'antiquité, et en face de cet esclavage toujours condamné et toujours renaissant, que dénonçait naguère, après notre immortel Léon XIII, un illustre Cardinal et un grand Français, mais aussi en face des avilissements de notre civilisation moderne, qui trop souvent et sur trop de points retourne à la décadence et au paganisme.

Ils seront deux en un seul cœur. L'union conjugale doit reposer sur l'amour, et l'amour, pour être profond et durable, doit avoir pour base un sentiment à la fois respectueux et affectueux d'estime mutuelle. A prendre les conditions ordinaires d'existence, la meilleure garantie de félicité se trouve dans une union fondée sur la similitude d'esprit et de volonté et sur la fraternité des croyances. C'est là ce qui constitue le trésor de la paix intérieure et la joie vraie. A le bien considérer, l'amour est plus noble et plus élevé dans le cœur de ceux qui s'épousent sous le regard de Dieu et, pour emprunter une pensée fréquemment exprimée par les âmes les plus délicates et les plus aimantes, la perfection de l'amour, c'est de s'aimer en aimant Dieu.

Quoi qu'en disent le théâtre et le roman dans leurs prétendues théories, dans leurs productions

fausses et malsaines, le mariage, qui est d'institu-
tion divine et nécessaire à l'état social, le mariage
existe pour la consolation mutuelle des époux et le
bien de l'humanité. Il importe et il est nécessaire
au nom d'une vraie philosophie, je veux parler de
celle qui croit en Dieu, à l'existence, à la spiritua-
lité et à l'immortalité de l'âme, au nom de l'expé-
rience, au nom surtout de la Révélation et par
conséquent de l'autorité divine, il est nécessaire
de dire aux hommes de notre temps, aux jeunes
générations qui vont entrer en possession de leur
virilité : Ne croyez pas que la vie dans l'ordre et
le devoir soit sans poésie et que la félicité soit
réservée à la fantaisie et au caprice. On l'a exprimé
avec autant de vérité que de délicatesse et de grâce :
Comme les perles se cachent au fond de l'Océan,
la meilleure poésie se cache dans le secret du cœur
pour deux existences bien unies. La passion a des
agitations violentes et des entraînements fiévreux ;
elle n'a pas le bonheur vrai et durable, le bonheur
dans la dignité personnelle, dans l'estime mutuelle
de soi-même et de celui ou de celle dont on a fait
le compagnon ou la compagne de sa propre exis-

tence et dont on attend la meilleure moitié de ce bonheur.

Pour vous, aidés du secours de Dieu et habitués que vous êtes à la pratique des vertus chrétiennes, vous porterez avec courage et persévérance le joug du devoir. Aimez votre intérieur. Ayez une vie sérieuse, occupée, utile, et croyez bien que c'est la meilleure pour l'homme, créé à l'image de Dieu, et pour le chrétien qui doit passer sur la terre comme Jésus-Christ, son modèle, en faisant le bien.

Qu'il plaise à Dieu de vous accorder le sublime et saint honneur de la paternité et de la maternité et alors votre foyer sera rempli de charmes. Ainsi, vous serez deux dans un seul cœur ; la main dans la main, vous gravirez ensemble le rude sentier de la vie, vous aimant, vous estimant, vous encourageant, vous consolant au besoin, cueillant quelques fleurs sur ce chemin âpre et difficile et portant vous-mêmes des fruits savoureux pour le bonheur de ceux qui vous entoureront.

Mais pour être parfait, pour être durable, pour être immortel, votre amour ne doit pas se contenter de la terre. Aimez-vous en regardant le ciel. L'union des cœurs se complète, s'élève et immuable se fixe en Dieu par l'union des âmes.

Ils seront deux dans une seule âme. C'est là ce qui convient à des chrétiens ; c'est là la signification et la grâce pratique du Sacrement. Vous êtes l'un et l'autre, chers Époux, enfants de l'Église catholique ; or, l'Église catholique, c'est la société des âmes. Le Sacrement de mariage, qui a pour but de sceller et de sanctifier leur union, atteint directement vos âmes. Comme vos cœurs sont unis, que vos âmes le soient aussi et elles le seront, parce que vous vous appliquerez ensemble à aimer Dieu et à le bien servir. La vie du corps, c'est l'âme, et la vie de l'âme, c'est Dieu.

Je l'ai dit : votre amour se complètera et s'élèvera par l'union de vos âmes. Il en deviendra plus fort et plus durable. Quand les jours de la jeunesse auront disparu, quand l'habitude aura succédé à ces premières émotions qui, en toutes choses, jettent tant de charme sur les commencements, le sentiment chrétien que vous aurez gardé vous gardera à son tour et conservera vos cœurs toujours jeunes et toujours aimants.

J'ai ajouté que votre amour s'immortalisera par l'union de vos âmes. S'aimer toujours, s'aimer éternellement, cela n'est possible qu'en Dieu. Comme les saisons succèdent aux saisons, ainsi les divers âges de la vie se succèdent, avec cette différence que c'est sans espoir de retour ici-bas. Mais les époux chrétiens ont l'invincible espoir de s'aimer encore dans le ciel après s'être aimés sur la terre.

Donc, demandez à Dieu d'unir vos âmes l'une à l'autre, et toutes les deux à lui-même par des liens que rien ne puisse rompre jamais.

Si je vous ai présenté, chers Époux, ces graves considérations sur le mariage, c'est moins pour vous rappeler l'enseignement chrétien que pour répondre à l'attente de votre foi et satisfaire vos aspirations religieuses ; mais il me tarde de saluer l'alliance de vos deux familles si honorables, si anciennes et si dignes, à tous égards, de s'unir l'une à l'autre dans votre personne. Vous venez d'écouter le ministre de Notre-Seigneur Jésus-Christ ; vous permettrez-bien à l'ami de laisser parler son cœur, et ceux qui sont ici réunis dans ce sanctuaire de famille, vous entourant de leur présence, de leur attachement et de leurs prières, me permettront bien aussi d'ajouter que je suis assuré d'être l'écho de leurs pensées et l'interprète de leurs sentiments.

Oui, nous saluons l'alliance de vos deux familles. Si c'est la première fois qu'elles unissent leurs blasons, plus d'une fois, sans doute, vos ancêtres ont dû se rencontrer en guerroyant pour l'honneur, pour la Patrie et pour Dieu, sur ce vieux sol de l'Armorique, *terre de granit et de chênes*, comme l'a dit l'un de vos poètes, mais surtout terre de bravoure et de foi, de vaillants guerriers, d'intrépides marins et de saints missionnaires.

Vos souvenirs, Monsieur et cher ami, vos traditions datent de loin dans le passé. Les de Courson ont l'honneur, en remontant jusqu'à des temps reculés, de posséder une généalogie dont l'arbre, dont le tronc et les branches, en leurs divers rameaux, ont été patiemment reconstitués par l'un de vos proches parents, fils lui-même de l'historien, dont les ouvrages sur la Bretagne ont eu un légitime succès, ajoutant ainsi, une fois de plus, le culte des Lettres à l'éclat militaire de votre nom.

L'on doit garder avec soin, pour le transmettre à son tour, le sang que l'on tient de sa race et les exemples que l'on a reçus de ses ancêtres. Les vôtres ont fait grande figure et comme hommes d'épée, et comme hommes d'église. Depuis la conquête de l'Angleterre, d'un côté, où commence la liste de vos chevaliers, jusqu'aux actions militaires et aux campagnes dans lesquelles la France a tiré l'épée durant les cent dernières années, et, de l'autre côté, à partir de l'abbé Louis de Courson, de pieuse mémoire, qui a été de nos jours supérieur général de la Société des prêtres de Saint-Sulpice, vous remontez jusqu'au Cardinal-Légat Robert de Courson, du titre de Saint-Étienne au mont Cœlius, d'abord chanoine de Paris, préposé par le Saint-Siège à d'importantes négociations, l'allié, l'ami et le soutien du vaillant Simon, comte de Montfort, mêlé par ses actes de juridiction à l'histoire religieuse des évêchés de Dol et de Saint-Brieuc, chargé par le Pape Innocent III de prêcher la cinquième croisade, désigné en 1211 pour le siège patriarcal de Constantinople par le Chapitre de Sainte-Sophie, mourant enfin sous Damiette en 1218 et montrant par cette vie et par cette mort que l'héroïsme des apôtres, de ceux qui, comme saint Paul, se font gloire d'être les soldats de Jésus-Christ, marche de pair avec l'héroïsme des preux, qui versent leur sang pour leur pays.

Mais c'est la carrière des armes qui a surtout été embrassée et suivie avec éclat par vos ancêtres. Soyez fier de l'avoir embrassée vous-même à votre tour et de la suivre encore aujourd'hui. Au milieu de nos jours troublés, au lendemain de nos pertes et de nos épreuves, elle est restée noble et glorieuse comme aux jours anciens de notre histoire, et quand nous voulons ouvrir nos cœurs au souffle de l'espérance et entrevoir un avenir meilleur, c'est, après Dieu, sur l'armée que nous tournons nos regards en même temps que sur cette phalange de vaillants catholiques qui se jettent, eux aussi, dans la mêlée pour le Christ et pour l'Église.

L'armée a des chefs illustres qui ont fait leurs preuves, et nous pouvons en saluer ici des plus distingués, et elle voit grandir et se former une génération d'officiers d'avenir, sortis de nos écoles militaires, capables, ardents travailleurs, disciplinés, prêts à tous les sacrifices, sachant, le front haut, garder la foi chrétienne et accomplir le devoir militaire pour la plus noble des causes, la grandeur du pays et l'honneur de la France !

Pourquoi vos vénérés parents ne sont-ils pas à vos côtés en ce beau jour? C'est que les joies de ce monde sont toujours courtes et incomplètes par quelques points. Je n'ai pas eu l'honneur de les connaître, mais ne retrouve-t-on pas dans un fils comme dans un miroir fidèle la ressemblance morale plus encore que la ressemblance des traits? Votre père, le général Achille de Courson, a une place marquée dans l'histoire militaire de notre temps. Il vous a procuré le bienfait inappréciable d'une éducation solidement chrétienne. Il a eu la joie de vous voir embrasser la carrière des armes, et si au jour du danger et dans le secret de son cœur il a tremblé pour votre vie, en même temps il a été fier d'un fils qui, à peine sorti de Saint-Cyr, marchait à l'ennemi, prenait une part glorieuse aux batailles de Coulmiers et de Patay, recevait plusieurs blessures et entrait si jeune encore dans l'ordre de la Légion d'honneur.

En rappelant la grandeur du nom qui sera le vôtre désormais, chère Mademoiselle, puisque vous accordez votre main et que vous voulez consacrer vos affections et votre vie à celui qui le porte si dignement, j'avais l'assurance de ne pouvoir rien dire qui vous fût plus agréable.

Vous implorez les bénédictions de Dieu : elles descendront sur vous, précieuses et abondantes, et vous aideront à perpétuer les traditions d'honneur et de vertu de la famille dans laquelle vous entrez et de celle dont vous avez été, jusqu'à ce jour, la joie, le bonheur et le charme !

Si vous songez à ceux qui vous ont précédée dans la vie depuis plusieurs générations, vous ne serez pas surprise d'être appelée, à votre tour, comme épouse et comme mère à former une génération militaire de plus. Je le disais tout à l'heure, les ancêtres de vos familles ont dû se rencontrer plus d'une fois, au temps des Croisades, sur ces plages arrosées du sang français, sur cette Terre Sainte que Monsieur votre père

dans sa jeunesse et l'un des premiers a voulu visiter en pèlerin. Ils se seront rencontrés encore, au temps de la Ligue, dans cet héroïque effort qui n'a pas toujours été compris et jugé comme il méritait de l'être, car il avait pour but de conserver à notre pays sa mission de nation très chrétienne. Plus tard encore, ils ont pris part aux luttes pour la défense de notre indépendance nationale, et enfin, au *champ des martyrs*, ils sont tombés ensemble pour Dieu et pour la patrie !

Vous pouvez, Mademoiselle, vous le rappeler avec une légitime fierté : vos grands-parents paternels et maternels ont servi glorieusement leur pays dans les armées de terre et dans cette marine militaire qui a toujours compté sur ses vaisseaux tant de hardis et valeureux enfants de la Bretagne.

Quant à Monsieur votre père, appelé par l'estime et la confiance de ses compatriotes à les représenter à la Chambre, en sa qualité de député, il sert, lui aussi, son pays. Il le sert non moins utilement par son influence et son action dans l'Œuvre des Cercles catholiques, œuvre française et patriotique autant que chrétienne, dont les

membres, et surtout les chefs, marchent à l'avant-
garde et combattent aux avant-postes, sous l'éten-
dard de la croix.

Les hommes les plus considérables dans l'armée,
au Parlement, à l'Académie, et dans le pays ont bien
voulu, chers Époux, en ce beau jour, répondre à
votre appel et, se joignant à l'un de vos parents bien
aimés, prendre place à vos côtés comme témoins :
avec vous nous les remercions de leur présence et
nous saluons parmi eux l'ami de Monsieur votre
père, le fondateur des Cercles catholiques, l'orateur
éloquent et populaire, le chef intrépide, qui, pour se
consacrer tout entier à cette action catholique et
sociale, a bien pu déposer la tunique militaire et
l'épée, mais qui est resté soldat.

Ce qui convient mieux encore, chère Mademoiselle, à votre délicatesse de jeune fille et à votre
piété de chrétienne, c'est la douce et vénérée mémoire de tant d'âmes chéries, qui, sanctifiées par la
foi et par la divine charité, vous bénissent du sein
d'un monde meilleur où nous les rejoindrons un
jour.

Je ne puis oublier moi-même les chères existences que j'ai connues de plus près et dont je retrouve avec émotion le souvenir vivant encore dans cette chapelle des Granges : votre grand'mère, Madame la vicomtesse douairière de Bélizal, si pieuse, si bonne pour les pauvres, si délicate d'esprit et de cœur, et qui vous aimait tant, votre tante, Mademoisellle Élisa de Bélizal, qui joignit si bien la sainteté et les mortifications d'une carmélite à toutes les ardeurs et aux œuvres extérieures d'un apôtre. Non, je n'oublierai jamais avec quelle édification j'ai été si souvent, dans cette chapelle des Granges, le témoin de sa foi vive et de son tendre amour envers Notre-Seigneur présent dans la Divine Eucharistie.

Vous ne serez point surprise si j'ajoute que le vénéré Cardinal Caverot vous bénit, lui aussi, du haut du Ciel, car vous savez combien il aimait votre excellent père. Au soir de sa longue carrière, le voyage en Bretagne fut l'une de ses dernières joies. Que de fois il se plut à nous le rappeler en nous parlant de vous, de votre jeune frère, de chacun des membres de votre famille, de Sainte-Anne-d'Auray, des Granges et de Carivan !

A ces bénédictions se joindront ici même celles de vos bien-aimés parents. Vous laisserez dans la vie de Madame votre mère un grand vide; n'est-ce pas sous ses yeux et près de son cœur que se sont formées et épanouies vos qualités naturelles, votre heureux caractère et votre piété filiale? Mais la séparation, s'il plaît à Dieu, ne sera pas sans de fréquents retours, et la douleur de Madame la Vicomtesse sera adoucie et consolée par l'affection de celui qui devient son fils.

La piété de vos parents et vos propres dispositions si chrétiennes, les traditions de vos deux familles, les services anciens et récents, rendus par elles à la cause de la justice et de la religion, ces titres plus nobles encore et plus précieux que ceux de la naissance méritaient une faveur qui couronnât les joies et les grâces de ce jour inoubliable. Ils vous ont valu les bénédictions du Représentant de Notre-Seigneur Jésus-Christ, le Pape glorieusement régnant, Léon XIII. Tous ici nous n'aurons qu'une âme filiale et qu'un cœur reconnaissant en union avec vous, chers Époux, pour en écouter l'expression avec un profond respect et pour demander à Dieu de les ratifier dans le Ciel. En voici le texte que je traduis littéralement de l'italien :

« Le Saint-Père en bénissant le jeune Vicomte de Courson et Mademoiselle de Bélizal prie le Très-Haut de répandre sur leur mariage la plénitude des grâces célestes et l'abondance de ses plus douces consolations.

« *Cardinal* Rampolla. »

En faisant parvenir à Monsieur le Vicomte de Bélizal le texte de cette Bénédiction du Saint-Père, Son Excellence Mgr le Nonce Apostolique y a joint ses meilleures et cordiales félicitations.

Et maintenant, chers Époux, inclinez vous sous la bénédiction d'un vénéré Prélat, votre compatriote et l'ami de votre famille. Que Dieu soit, que Dieu demeure avec vous durant de longues et heureuses années, dans la santé, dans les joies pures de la famille, dans la vertu de vos âmes chrétiennes, et dans l'honneur de votre devise :

Toujours droit, *Bepret digoard.*
Semper recté !

LYON. — IMP. P. MOUGIN-RUSAND.